Mein Bilderbuch von der Feuerwehr

**Text von Norbert Golluch
Bilder von Helmut Kollars**

tosa

Der rote Hahn

Feuer war in den Städten der Vergangenheit eine große Gefahr. Die Häuser standen dicht beieinander und waren aus Holz gebaut. Eine kleine Unachtsamkeit mit der Asche vom Herdfeuer oder ein Blitzschlag konnte die ganze Stadt in Brand setzen.
Ein einziger Funke –, schon saß »der rote Hahn« auf allen Dächern. Deshalb war die Feuerwehr in dieser Zeit besonders wichtig.

Opas Feuerwehr im Einsatz

In prächtiger Uniform, mit Ledereimern, Holzleitern und handbetriebener Pumpenspritze versuchten die Feuerwehrleute im letzten Jahrhundert, die Menschen vor Feuer zu schützen. Pferde zogen dieses Löschfahrzeug zum Einsatzort – oft nicht schnell genug. Da konnte es schon einmal eine Stunde dauern, bis die Feuerwehr am Brandherd war. Auch mit dem Löschwasser war es meist nicht so leicht: Es konnte nicht einfach aus der Wasserleitung genommen werden, denn vielerorts gab es noch keine. Mit einer Eimerkette wurde Wasser vom Fluss herbeibefördert.
Im besten Falle gab es in der Nähe einen Löschteich, aus dem das Wasser gepumpt wurde.

Feuerwehr heute: Arbeit in der Feuerwache

In der Feuerwache hat Tag und Nacht ein Trupp Feuerwehrleute Dienst.
Jetzt ist gerade alles ruhig. Nirgends ist ein Brand ausgebrochen. Kein Unfall ist geschehen und keine Katze muss gerettet werden. Was machen die Feuerwehrleute, wenn gar nichts los ist? Schlafen, Karten spielen, Däumchen drehen? – In der Feuerwache ist immer etwas

zu tun. Einige Männer kümmern sich um die Wartung der Fahrzeuge.
Zwei Feuerwehrmänner kochen für die Bereitschaft in der Wache eine warme Mahlzeit. »Feuerwehr, das ist Rettungsdienst mit Selbstversorgung!«, scherzt einer. Gerade haben sie sich zum Essen gesetzt, da schrillt die Alarmglocke. Alle stürmen zu den Fahrzeugen, und das Essen wird kalt.
»Das dritte Mal diese Nacht!«

Dienst in der Notrufzentrale
In einer Großstadt sind häufig mehrere Löschzüge gleichzeitig im Einsatz. Über den Computerbildschirm werden die verschiedenen Einsatzorte angezeigt.
Die Feuerwehrleute in der Einsatzzentrale müssen Meldungen über das Notruftelefon an die Einsatzfahrzeuge weitergeben.
Dazu benutzen sie Funkgeräte.
Oft kehrt ein Fahrzeug gar nicht in die Feuerwache zurück, sondern wird sofort zu einem neuen Einsatz geschickt:
»Wagen 15 – Wohnungsbrand an der Ecke Reginaldstraße/Konradstraße!«

Einen Wohnungsbrand löschen und Personen retten

Es brennt im vierten Stock! Nachbarn haben die Feuerwehr gerufen. Da muss noch jemand drin sein! Feuerwehrleute schlagen die Wohnungstür ein. Alles voller Rauch, aber niemand da? Doch – die Familie hat sich auf den Balkon geflüchtet. Sie winken und rufen um Hilfe.
Mit der Drehleiter werden sie heruntergeholt. Unten bekommen sie Decken, denn sie konnten nur im Schlafanzug entkommen. Ein Feuerwehrmann ist der Brandursache auf die Spur gekommen: ein Weihnachtsbaum mit echten Kerzen – wie leichtsinnig!

Ein Autowrack aus dem Fluss bergen

Ein Wagen ist in den Fluss gestürzt. Zum Glück konnte der Fahrer sich retten. Aber was soll mit dem Autowrack geschehen? Wenn es liegen bleibt, kann es zu einer Gefahr für den Schiffsverkehr werden. Öl und Benzin könnten das Flusswasser verunreinigen. Feuerwehrtaucher steigen hinab und bringen Drahtseile an, damit das Wrack von einer Winde an Land gezogen werden kann.

Eine Katze retten

Die kleine Katze war besonders mutig und ist auf einen hohen Baum gestiegen. Jetzt kann sie nicht vor und zurück. Wird sie hinunterfallen? Nein, denn ein Nachbar hat die Feuerwehr gerufen.

Die Drehleiter fährt bis in die Baumkrone hoch. Geschützt von einem Lederhandschuh ergreift der Feuerwehrmann die Katze. Noch wehrt sie sich, aber bald wird sie ruhiger. Sie hat bemerkt, dass der Mann ihr helfen will. Jetzt ist alles wieder gut.

Falscher Alarm!

Alarm in der Fußgängerzone! Brennt das Kaufhaus? Jemand hat die Scheibe des Feuermelders eingeschlagen und den roten Knopf gedrückt. Drei Feuerwehrfahrzeuge rasen mit Blaulicht heran. »Wo ist denn nun der Brandherd?«, fragen sich die Männer.

Es gibt gar kein Feuer – jemand hat sich einen schlechten Scherz erlaubt. Wenn er erwischt wird, kann das teuer werden, denn er muss den vergeblichen Einsatz der Feuerwehr bezahlen.

Bei einem Unfall helfen
Unfall auf der Autobahn: Ein Fahrer ist in seinem beschädigten Fahrzeug eingeschlossen. Schon kommt die Feuerwehr. Mit einer elektrischen Blechschere wird das Dach des Autowracks abgetrennt. Die verklemmte Fahrertür muss mit einem Spreizwerkzeug geöffnet werden. Dann kann der Verletzte vorsichtig aus dem Auto gezogen und medizinisch versorgt werden.
Am Unfallort riecht es stark nach Benzin. Die Feuerwehr sprüht das Wrack mit Löschschaum ein, damit es nicht noch Feuer fängt.

Einen Keller leerpumpen
Es war sehr schwül, und dann kam das Gewitter. Mit Regen. Regen und noch mehr Regen. Bei der Familie Bertram ist der Keller vollgelaufen. Kein Problem für die Feuerwehr. Die starke Pumpe saugt das Regenwasser heraus. Zwar ist manches feucht geworden, aber das Haus hat keinen Schaden genommen. Herr Bertram bedankt sich beim Einsatzleiter.

**Die Feuerwehr auf dem Wasser:
Ein Löschboot**
Auch auf dem Wasser kann es brennen. Feuer auf einem Schiff ist sogar besonders gefährlich, weil den Menschen an Bord vielleicht nur die Flucht ins Wasser bleibt.
Das Löschboot ist mit einer weitreichenden Löschkanone ausgestattet. Auch für Ölunfälle durch Tankschiffe ist die Hafenfeuerwehr ausgerüstet.

Und wie erfährt die Feuerwehr, dass sie gebraucht wird?
Der einfachste Fall: Jemand ruft die Feuerwehr über das Telefon. Er wählt die Notrufnummer. »Kommen Sie sofort in die Tristanstraße 31! Da brennt es im Hinterhof!«

Kennst du die Feuerwehr-Notrufnummer? Die sollte man auswendig wissen! Wenn du sie noch nicht weißt, schau auf der letzten Seite nach!

In Amtsstuben, Firmen und Büros gibt es Feuermelder: Ein Knopf in einem roten Kasten, der gedrückt wird – und schon kommt die Feuerwehr. Aber warum ist eine Glasscheibe davor? Damit der Feuermelder nicht versehentlich betätigt wird und damit sich niemand einen Jux macht. Im Notfall muss man die Scheibe zuerst mit einem harten Gegenstand einschlagen. Das ist nicht schwer. Aber ohne Not die Feuerwehr rufen – das wird bestraft. Und es kostet Geld!

In Kaufhäusern und Lagerhallen gibt es oft Sprinkleranlagen. Die funktionieren so: Wenn es irgendwo zu schwelen oder zu brennen beginnt, steigt Rauch auf und es wird heiß. Rauchmelder oder Hitzefühler schalten dann sofort die Sprinkleranlage an, und aus deren Düsen regnen Wassertropfen herab. Zugleich wird die Feuerwehr verständigt.

Für jeden Zweck das richtige Fahrzeug

Viele Einsatzfahrzeuge stehen in der Feuerwache bereit. Sie sind für unterschiedliche Einsatzzwecke vorgesehen:

Das Löschgruppenfahrzeug LF 16/12

Sieben Feuerwehrleute gehören zu diesem Wagen. Das Kommando hat der Gruppenführer.
Der Maschinist fährt den Wagen und ist für alle Maschinen und Geräte an Bord zuständig. Fünf weitere Feuerwehrleute fahren mit.
Und was die Feuerwehrleute für den Ernstfall so alles dabeihaben!

In einem Tank führt dieser Wagen 1600 Liter Löschwasser mit. Viele Meter Schläuche unterschiedlicher Dicke sind seitlich am Wagen befestigt.
Mit einem großen Schlauch kann Löschwasser aus einem Teich oder Fluss gepumpt werden. Mitteldicke Schläuche sind für den Anschluss an einen Hydranten gedacht. Für den Anschluss braucht man einen Hydrantenschlüssel, Standrohre und einen Verteiler für mehrere unterschiedliche Schläuche.
Es gibt eine Handpumpe und eine eingebaute Motorpumpe. Manche Fahrzeuge führen auch tragbare Motorpumpen mit.
Vorn am Schlauch wird die Spritze angebracht. Je nach Durchmesser heißt sie B-Rohr (1,5 cm) oder C-Rohr (10 cm).
Für den Fall, dass nicht mit Wasser gelöscht werden kann,

braucht man weitere Löschgeräte: Der Handlöscher z.B. versprüht Trockenschaum.
Ein Generator erzeugt elektrischen Strom.
Im Wagen werden viele Werkzeuge mitgeführt, z.B. Äxte, Brecheisen und Stemmeisen, um durch verschlossene Türen in ein brennendes Haus einzudringen. Natürlich gibt es auch einen ganz alltäglichen Werkzeugkasten mit Hammer, Zange und Eisensäge.
Fangleinen dienen zur Personenrettung und Arbeitsleinen zur Befestigung von Gegenständen.
Die Steck- und Schiebeleitern, die das Löschgruppenfahrzeug mitführt, reichen zwar nur bis zum 2. Stock, aber häufig genügt das.
Schnelle Hilfe bei einem Unfall? Es gibt Rettungsgeräte für eingeklemmte Personen:

eine große Blechschere (hydraulisch oder elektrisch), verschiedene Spreizwerkzeuge, eine Trennscheibe (Schneidegerät) und einen Schneidbrenner.
Und wenn es starke Rauch- und Feuerentwicklung gibt? Das Löschgruppenfahrzeug hat Schutzkleidung gegen Hitze, Atemschutzgeräte, Sauerstoffflaschen mit Maske und Filter dabei. Für Personen, die gerettet werden müssen, gibt es Löschdecken und Fluchthauben, die vor Feuer und Hitze schützen.
Zur Sicherung von Unfall- und Brandstellen dienen Verkehrsleitkegel, Blinklichter und Absperrband. Die Taschenlampen sind für die Arbeit in der Nacht gedacht. Bei Unfällen wird häufig Bindemittel zum Aufsaugen von Öl und Benzin gebraucht.
Ein Erste-Hilfe-Kasten mit Verbandszeug darf nicht fehlen.

Der Leiterwagen DL 30

Wie die Abkürzung schon verrät: die Drehleiter ist 30 m lang. Drei Feuerwehrleute fahren auf diesem Wagen mit. Der Leiterwagen wird gebraucht, wenn Feuer in den oberen Stockwerken eines Gebäudes oder im Dachstuhl ausgebrochen ist. Menschen können über die Leiter gerettet werden. Ein Feuerwehrmann steuert die Leiter über einen eigenen Führerstand. An ihrem Ende ist ein Rettungskorb angebracht, in den die Feuerwehrleute die Bewohner eines brennenden Stockwerks steigen lassen. Ist es zu eng für den Korb, muss die Leiter zur Rettung genügen.

Der Rüstwagen RW

In diesem Fahrzeug ist fast alles verstaut, was am Unglücksort gebraucht werden könnte.
Was auf dem Löschgruppenfahrzeug fehlt, bringt der Rüstwagen herbei. Drei Feuerwehrleute transportieren auf diesem 7,5 Tonnen schweren Allradfahrzeug Geräte und Spezialausrüstung an den Ort des Geschehens: einen starken Scheinwerfer (auf dem Dach des Rüstwagens), der von einem eigenen Generator getrieben wird; eine Motorwinde; Spezialwerkzeuge zum Öffnen von Schlössern oder zum Anheben eines Gullydeckels, Hilfsmittel zur Verkehrssicherung oder Bindemittel zum Aufsaugen einer ausgelaufenen Flüssigkeit.
Auch weitere Werkzeuge und Leitern hat der Wagen dabei.

Das Tanklöschfahrzeug
Drei Feuerwehrleute und ein großer Wassertank finden hier Platz. Schläuche hat dieser Wagen nicht dabei, wohl aber ein S-Rohr für den Schnellangriff auf das Feuer: Diese »Wasserkanone« auf dem Dach des Tanklöschfahrzeugs ist direkt mit dem Wassertank verbunden und steht blitzschnell für Löscharbeiten bereit.

Spezialfahrzeuge
z.B. für Chemieunfälle oder für das Trockenlöschen von Ölbränden müssen über die Einsatzzentrale angefordert werden.

Die Zukunft: Löschroboter
Feuerlöschen ist nicht ungefährlich. Immer wieder geraten Feuerwehrleute in Lebensgefahr, werden verletzt oder sogar getötet. Vielleicht werden eines Tages Feuerlöschroboter eingesetzt, wo es besonders gefährlich ist. Sie könnten an Häusern emporklettern oder in raucherfüllte Gebäude eindringen, ohne dass Leben gefährdet ist. Wärmefühler lenken den Wasserstrahl genau ins Zentrum des Brandes. Aber: Können sie auch genauso gut löschen wie lebendige Feuerwehrleute?

Einen Waldbrand löschen
War wieder Leichtsinn im Spiel? Der schöne Kiefernwald am Stadtrand brennt. Löschzüge aus allen Nachbarorten eilen herbei. Menschen und Tiere fliehen vor den Flammen.
Doch schon beginnt die Feuerwehr mit dem Löscheinsatz. Gräben werden ausgehoben; sie sollen das Feuer aufhalten. Die Feuerwehrmänner schlagen mit Motorsägen, Beilen und Äxten eine Schneise in den Wald.
Mit Klatschen und Spaten löschen sie kleine Feuer im Unterholz.
Der Einsatzleiter gibt Kommandos über Funk: »Achtung, Gruppe 3, passt auf, dass euch das Feuer nicht einschließt. Atemschutzgeräte anlegen!« Ein Hubschrauber löscht aus der Luft. Mit vereinten Kräften werden die Feuerwehrleute das Feuer löschen.

Die Feuerwehr auf dem Flughafen
Besonders bei Starts und Landungen kann es gefährlich werden. Deshalb ist die Flughafenfeuerwehr immer in Bereitschaft. Sie legt einen Schaumteppich auf die Rollbahn, wenn ein Flugzeug notlanden muss, weil das

Fahrwerk klemmt. Wenn Kerosin, das Flugbenzin, in Brand gerät, wird mit einem Spezialschaum gelöscht. Damit niemand in Gefahr kommt, wird vom Fahrzeug aus gelöscht – mit einer Hochdruck-Löschkanone. Bis zu 100 Meter weit reicht deren Strahl.

Bei einer Katastrophe helfen
Ein schlimmes Unglück ist geschehen. Ein Erdbeben hat viele Häuser zerstört. Das Gas aus geplatzten Gasleitungen ist in Brand geraten. Verletzte müssen versorgt, Obdachlose untergebracht werden. Es gibt kein Wasser und keinen Strom. Gemeinsam mit dem Technischen Hilfswerk, der Polizei und der Armee helfen die Feuerwehrleute, wo sie nur können. Jetzt ist all ihr Können auf einmal gefragt.

Einen Großbrand löschen
Im Lagerhaus der Firma Möllenkemper ist Feuer ausgebrochen. Schnell steht ein Teil der riesigen Halle in Flammen.
Von überall her eilen Feuerwehren herbei.

Einige Feuerwehrleute sperren die Straße ab, andere schließen Schläuche an die Hydranten an und bekämpfen den Brand mit Wasser und Schaum. Wieder andere kühlen die angrenzenden Gebäude mit Wasser, damit

nicht auch sie noch Feuer fangen. Spezialisten untersuchen die Rauchgase: Gibt es eine Gefahr für die Umwelt? Müssen die Anwohner gewarnt werden? Besteht sogar die Gefahr einer Umweltkatastrophe?

Nach Stunden ist der Brand unter Kontrolle. Doch die Feuerwehr muss am Brandort bleiben, bis der letzte Funken erloschen ist. Brandwache – das wird eine lange Nacht!